*Ein Poet
muss
mit beiden Beinen auf
der Erde stehen
und dennoch
auf Wolken gehen.*

Copyright: Hartmut Moreike
Moskau/Ahrensfelde und
St. Petersburg 2017
Herstellung und Verlag: BoD - Books on Demand, Norderstedt
ISBN 978-3-7412-1395-3
Verkaufspreis: 13,99 Euro

LIEGENGELASSENES AUFGEHOBEN

LYRIK

HARTMUT MOREIKE

Wenn ich schreibe

Wenn ich schreibe
träume ich
von fernen Welten
und auch Zeiten,
von Gesichtern ungezählt,
die mich noch heut begleiten.

Ich träum
von den Ländern,
die ich rastlos längst durchreist
und Fernen,
die ich immer wollte seh'n,
und einen Platz nur,
wo ich müde Ruhe fände,
um meinen Träumen nachzugehn.

1975

Hiroshima, mon amour

Eingebrannt in Stein
kaum sichtbar ein Schatten nur
wo einst ein Mädchen saß,
Hiroshima, mon amour!

Stiller Protest
und dumpfer Bronzeglockenton
umrunden mahnend unsre Welt
erinnernd an den Feuerball,
in dem Amerikas Unschuld verglühte.

Ein Ruinentor,
ein Leichenfeld im Kirschblütenland
aus dem ein Mahnruf uns beschwört:
Nie sei's Soldat du, gespaltenes Atom,
sollst dienen uns als Arbeiter und Arzt.

Ein alter Ginkgobaum allein
widerstand kahl und verbrannt
dem mörderischen Strahlensturm.
Auf seine schwarze Rinde schrieb
ein Sterbender mit weißer Kreide nur
die Worte: Hiroshima, mon amour!

August 2016

St. Petersburg, so kühl wie schön

Weiße Nächte
hoch im Norden,
wo sonst Statuen erfrieren,
sitzen hier in lauer Nacht
Liebespaare auf den Stufen
des granitnen Newakais.

Peters Schöpfung
ist verzaubert
von der lichten Dämmerung
und ich frag mich:
Ist es Nacht oder schon Tag
unter duftger Linden Pracht.

Und die Sterne
blass am Himmel
sehen auf dem Boulevard des Newski
birkengleiche Mädchen
streben hin zu Puschkins Garten.

Dort auf den verwunschnen Bänken
unter alten Zarenlinden
sie verstohlen Küsse tauschen
ihre Schatten zart verschmelzen
im Gesang der Nachtigall.

An der Brücke mit dem Greif
steh ich und seh trunken
Lichter auf den Wellen tanzen
vor Auroras schwarzen Schatten
golden auf dem Newafluss.

2014

Moskau, meine Trauer

Hier liegen sie alle begraben
unter Granit und Marmor schwer,
die einst die Welt verändert haben
mit Feder und Noten und Gewehr.

Wo einst die Jungfrauen starben
ist heute ein stiller Hain,
blüht Flieder in allen Farben
an schwarzen eisernen Kreuzen
und manchen behauenen Stein.

Hier kommt der Moloch zu Ruhe
umtost von brausendem Verkehr,
die zarten steinernen Schuhe
einer Ballerina führen mich her.

Als Schwan ist sie unsterblich
und in Carrara modelliert,
halb Schwan halb Fee,
die ich umarme und zart küsse,
doch ihre Lippen bleiben kühl,
dass mir das heiße Blut gefriert.

1981

Picassos Taube

Pablo hat eine Taube gemalt
Striche auf Leinwand gebannt,
und dann war sie flügge geworden
und als Vogel des Friedens bekannt.

Der Palmzweig in ihrem Schnabel
wohl ein uraltes Friedenssymbol
und für den Künstler eine Parabel
für der Menschen Sehnsucht Idol.

Ihr weißes Kleid ist nun rot befleckt
von blutgen Kriegen ohne Zahl,
ihr Zustand hat mich aufgeschreckt
zum Friedenstreit im Weltenall.

1980

Der Kastanienbaum

Der Kastanienbaum
vor unserem Haus,
der steht in voller Blühte.
Die Kerzen in den grünen Laub
sehen aus wie Zuckerhüte.

Schon fünfzig Jahre ist er alt
vielleicht sind es auch hundert,
doch wer an ihm vorübergeht,
der hat ihn stets bewundert.

Im Schatten unterm Blätterdach
hab ich geküsst nicht nur im Mai
und schwebte untern Sternenchor
wie durch des Baumes Zauberei.

1961

Jura

Pojechali,
mit diesem Ruf
fliegt um die Welt
den Sternen nah
der erste Mensch
im All.

Und schwerelos
in Wostoks Bahn
bestaunt er stumm
die Schönheit
des Planeten.

Doch unten
bangen Frau und Kind
und Menschen ohne Zahl
nur auf ein Wort
des kühnen Sternenfliegers.

Die Zeit vergeht
nur Rauschen aus dem Äther
bis endlich Juras Stimme
ergriffen sich erhebt:
Wie schön und so verletzlich!

1961

Nur Vögel des Glücks?

Ein Kranichzug
auf seinen Weg nach Norden
ist auf seinem langen Flug
plötzlich müde geworden.

Sie ließen sich bei uns nieder,
die stolzen Vögel des Glücks
und sie sangen dann ihre Lieder
von der Liebe des Augenblicks.

In Japan da falten die Kinder
die Vögel aus weißen Papier,
sie sollen an die Opfer erinnern,
die im Atompilz verglühten hier.

1975

Ach Iwuschka

Ein Mädchen saß unter der Weide,
ich konnt nicht vorüber gehn,
sie saß dort im hellblauen Kleide
und weinte so bittere Trän.

Ich hab in den Arm sie genommen
und küsste die Tränen ihr fort,
da blickte sie mich an so versonnen
und küsste und sagte kein Wort.

Ihr Mund war so weich und süß
und so rot wie der blühende Mohn,
da träumte ich vom Paradies
und genoss meiner Kühnheit Lohn.

Zurück dann nach vielen Jahren
stand da noch der Weidenbaum,
doch habe ich es nie erfahren,
waren die Küsse echt oder ein Traum.

1981

Welterklärer

Wenn Dein Sohn lernt,
Papa zu sagen,
wisch die Tränen fort.
Wenn Dein Sohn dann
kommt mit tausend Fragen,
erklär ihm die Welt,
dass sie schön ist und rund,
reich und bunt,
dass es sich lohnt,
dass man sie erhält.

Sag
warum Flugzeuge fliegen
und die Bahn fährt geschwind,
warum Bäume sich wiegen
im Sommerwind.
Und wenn er dann fragt,
warum Menschen Menschen töten
und Städte versinken
in des Krieges Rauch,
sag es, sag es ihm auch!

1967

Am Ostseestrand

Am Strand des Meeres schlief ich
durch monotonen Wellenschlag
bis liebkosend mich umschlingend,
schwoll aus der See die Flut.
Und träumend in dem weichen Sand
umarmt mich eine Meerjungfrau,
spürt ich den innig salzig Kuss,
bis ich frierend erwachte
nass vom Scheitel bis zum Fuß.

2002

Der erste Kuss

Ich habe Deine Hand gesucht,
verstohlen unter fremdem Tisch,
um streichelnd zärtlich Dir zu sagen,
wie Deine Augensterne, tiefe Seen
mich seelentief und stürmisch
verwirrt und dennoch angenehm
in Hoffnung hoch getragen.

Als ich dann meine Jacke
um Deine Schultern legte
und schüchtern ungeschickt
Dein liebes Ohr nur hauchend
mit zartem Kuss bedeckte,
im Mondlicht sich kein Windhauch regte
nur Du erzittertest ganz leicht
und nahmst mein Herz und mein Gesicht
in Deine Hände und küsstest mich.

Nicht irdisch sondern göttergleich,
und unvergesslich für mein Sein,
denn Sterne fielen aus dem All,
ich war erst sechzehn und
es war das allererste, das allererste
und auch das allerschönste Mal.

1974

Sylphide

Als die Nacht
senkt ihre Trauer
über Straßen und Alleen
steh ich atemlos
und hoffe,
Deinen Schatten
bald zu sehen.

Leichter Regen
nieselt nieder,
nässt Dein Haar
und Tränen gleich
rinnen Tropfen
von den Lidern.
Endlich zitternd Hand in Hand
löschen atemlose Küsse
unser Lippen feurig Brand.

Ach Sylphyde,
Göttin du, in Luftgestalt
schenkst mir liebestrunken
träumend
deine zarten Glieder
mit dem Angesicht der Liebsten
bis zum ersten Morgenstreif
narrst bezaubernd mich
immer, immer wieder.

2016

Trauer um J.

Ich suche Halt,
denn Du bist fort
mein Herz
schlägt dumpf und kalt.

Mir fehlt Dein Lächeln,
Welt umarmend frei
und erst Dein Mund
der einst das Eis
von Lippen mir und Herz
getaut hat.

Anspruchslos verliebt

Es genügt mir,
des Nachts schlaftrunken
Deinem Atem zu lauschen
und im Traum
zärtlich Küsse zu tauschen,
um morgens beim Aufsteh'n
Dein Lächeln zu sehn.

1985

Träume und Schäume

Barfuss durch die Welt zu gehn
und im Gras liegend die Venus zu sehn
das ist es, wovon ich wachend träume,
und von Liebe in Frieden und Glück,
als Recht, das ich allen einräume.
1977

Verführung

Sich zart berühren
von Mund bis zu den Lenden
und langsam verführen
sich mit Lippen und Händen,
und alle Sinne erwachen
in lodernden Bränden
und Verlangen entfachen.

Küsse, die die Wollust wecken,
atemlos in Schweiß gebadet
lustvoll stöhnend Haut an Haut
und im Silberschein des Mondes
unsre Körper so vertraut.
1972

Petticoat

Der Wind hebt ihn hoch,
den weißen Batist
und dem Blick folgen die Hände,
streicheln des Hügels Fremde.
Und als dann das Höschen fällt
nachts unter dem Sternenzelt,
schimmert über dem Paradies
ein zart goldenes Vlies.

1977

Augenblick

Am Bahnsteig letzte Küsse
und eine Fahrt ins Ungewisse.
Der Zug nach P. fuhr los
und auf dem Trittbrett stehend
blicktest du mich an
mit tränennassen Augen.
Ein Blitz mein Herz versengte
und rufen wollt ich:
Bitte bleib!
Aber ich schwieg gelähmt
und niemals gab's ein Wiedersehen.
Viele Sommer sind vergangen,
und wenn ich geahnt hätte,
wie sehr ich Dich vermisse,
dann hätte ich bestimmt gezählt
jeden einzelnen Deiner Küsse.
Und noch heute habe ich das Glück
mich zu erinnern und verlierend
in Deinen tiefen Augenseen.
Und ich vergesse nie
diesen letzten einen Augenblick.

1981

Wenn Du mich küsst

Wenn Du mich küsst,
meine liebes Kind,
dann fallen alle Schranken
und in Gedanken
besuch ich Dich in Deinen Träumen.

Und wenn Du träumst,
mein liebes Kind,
dann wandle ich durch Deine Nächte
und im Mondenschein
werde ich Dir immer nahe sein.

Wenn Du mich aber liebst,
mein schönes Kind,
lass mich Dein Herzschlag fühlen
und meine Sehnsucht stillen
in zarten Liebesspielen.

1981

Anatomie amore

Ich liebe wie Du Dich wiegst,
wenn Du gehst.
Und ich liebe den Schwung Deines Halses,
wenn Du Dich umdrehst.
Ich mag den Wurf Deiner Haare
wenn auch struppig und wild.
Dein Lächeln liebe ich,
auch wenn es mir nicht gilt.
Ich mag Deine Hände,
wenn sie mich zart streicheln.
Und Deine grünen Augen liebe ich,
wenn ich in ihnen ertrinke.
Deine kleinen Brüste im Mieder,
die liebe ich,
wenn ich sie fühlen darf.
Und alles was darunter kommt
nach dem Bauch,
das mein Schatz,
das liebe ich natürlich auch.

1982

Alte Liebe

Wie duften die Linden, der Flieder
wie goldstrahlt die Sichel des Mondes
und unmerklich Schatten um Schatten
weicht die Frühlingsdämmerung.
Verjüngt komme ich wieder zu Dir,
um Vergangenes zu bezwingen,
doch Teufel, es will nicht gelingen
beim engen Nebeneinander sacht
in dieser verzauberten Nacht.

2003

Schattenmorelle

Sie stand in voller Bienenblüte,
doch ihr weißes Unschuldskleid
zerriss der der wilde, heiße Wind
und küsste stürmisch den jungen Leib,
so dass er vor Scham erglühte.

Nun fragt sie errötend bei dem Wind:
Was sagen rings das Feld, der Wald
zu den gestohlenen Kuss?
Frag nicht, lass gut sein liebes Kind!
Schön wirst du sein und glücklich bald
und rote reife Früchte tragen.

2010

Die erste Nacht

Es war eine wunderbare Nacht
wie man sie nur erlebt,
wenn man verliebt und jung ist
so, dass man glaubt,
die ganze Erde bebt.

So sternenreich das Firmament,
wo unterm Himmelszelt
wir Haut an Haut so lagen
beim Küssen und Streicheln
wir schließlich Alles wagen
bis dass ein zarter Schimmer
die kurze Nacht erhellt.

1975

Abschied

Weine nicht, wenn ich geh,
irgendwann trocknen die Tränen
in den Armen eines Anderen.

Ich sagte Dir: Ich liebe Dich
in Nächten ohne Ende,
mit heißen Lippen
als ich mein pochend Herz
gab in Deinen kühlen Hände.

Die Ruhe, die Du mir gestohlen
mit Augen rätselhaft und klar,
und einem sinnlich Mund
zum Küssen wie geboren,
ich nahm das Wunder wahr.

Doch reich beschenkt
durchs Weltenall mit Sternenflügen
geh ich für immer fort
und es bedarf keiner Lügen,
so liebe ich nicht noch einmal.
1989

Schlummernde Venus

Am See in einer Hecke
lag Venus hüllenlos,
sie hatte goldne Haare
vom Kopf bis in den Schoß.
Als ich die Schöne entdeckte
schlich ich zu ihr ganz leise,
dass ich sie nicht erweckte
in ihres Traumes Reise.
Sie schlummerte so friedlich
und lächelte dabei,
ich fand das Bild so niedlich
in ihrer Evas Pracht
und wollte sie schon küssen,
da ist sie aufgewacht.

1972

Abendlied

Der müde Tag ist nun gegangen,
verträumter Abend streift das Land,
feurige Küsse zu empfangen
ich meine Liebste wartend fand.

Im Dorf gingen die Lichter aus,
die Dämmerung umarmt uns sacht,
und Arm in Arm gehn wir hinaus
ins Feld, wo uns das Bett gemacht.

Hoch über uns der große Wagen
und unter blühendem Holunder
da hat es sich dann zugetragen,
der zauberhaften Liebe Wunder.

1968

Silberwäldchen im Mai

Erst hast Du Dich geziert,
als ich Dich zärtlich küsste,
dann hab ich Dich berührt
gelenkt von Eros Lüste
und schließlich dann verführt.

1981

Die Schleifen der Moskwa

Still ist der Abend hoch über dem Fluss
und neben mir Dein liebes Gesicht
im Westen die Sonne mit letztem Gruß:
Komm küss mich und ziere Dich nicht!

Und mit dem letzten Abendrot
schicken wir Träume auf die Reise,
vom Leben zu zweit trotz bitterem Verbot
der im Kreml herrschenden Greise.

Und wie der Fluss stets wiederkehrt
so kehre auch ich bald zurück
mein liebes Kind, sei unbeschwert,
Moskaus Himmelsleuchten bedeutet Glück.

1981

Anspruchsvoller verliebt

Gelegentlich
mich mit Besuchen zu bedenken
wann immer es Dir gefällt
und Deine Küsse mir zu schenken
als wärs das Teuerste der Welt.
Und meine Kissen zu zerdrücken,
wenn Du mich spüren willst,
das kann mich nicht entzücken
ich mag nicht, Liebes,
wenn Du mit mir spielst.

1977

Zärtlichkeit

Das Haus ist öde und leer ohne Dich,
und das Rauschen der weißen Birke,
die Du so oft umarmt hast wie mich,
lässt traurig ihre Äste hängen
und webt Dir aus fallenden Blättern
einen goldenen Teppich
auf dem Du zurück zu mir findest.

Die Sterne sind viel ferner ohne Dich
und die Nachtigall im weißen Flieder,
sie ist fortgeflogen wie auch Du
und singt nicht mehr den Zaubergesang
unsrer wachen Nächte Liebeslieder.

Der Mond scheint nicht mehr hell ohne Dich,
wenn ich schlaflos an Dich denke
und jeder Stern erinnert mich
an den einen, an den fernen Capella,
den sonnengleichen,
den ich unserer Liebe schenkte.

2010

Wenn die Nacht kommt

Versunken ist der Sonne Gold,
der Abend bläut die Schatten.
Der Wind spielt in dem Blätterdach,
die Nacht schickt ihre Späher aus
und stiller murmelt selbst der Bach.

Aus fernen Hain ein Käuzchen schreit,
im Tal entflammen warme Lichter.
Im Park kosen verliebt die Pärchen
die Luft ist so romantisch mild,
es ist die Zeit der wahren Märchen.

Die Nacht hat alles schwarz gemalt
und aus dunklem Fluss im Reigen
schon in des Mondes Silberglanz
in zarten Nebelschleier steigen
nackt Nymphen auf zum stillen Tanz.

1989

Sommerregen

Des Sommers zarter Regen
nässt dankbar und verwegen
die Bluse aus Batist.

Wenn das kein Anblick ist!
Dankbar über Donars List
bestaun ich, was zu sehen ist,
so rundlich und verwegen
machen sie ganz verlegen
zwei zarte kleine Äpfelchen.

Sie wecken das Entzücken,
den Wunsch, sacht sie zu pflücken
nicht nur mit zarten Blicken,
denn diese kleinen Hügel
verleihen der Liebe Fantasie
dem Pegasus erst die Flügel.

Das Mädchen mit der Bluse,
sie ist jetzt meine Muse.

2001

Sibirien

Verschneit sind alle Pfade
der weiten Taiga frostig starr
an Jennisseis eisstarren Gestade
wo ich recht einsam war.

Der Schneesturm und die Wölfe
heulten wütend fern und nah
ich sah auch der Räuber Fährte
und spürte dicht die Gefahr.

Doch als der Wind sich legte,
ganz plötzlich wie er kam,
sah fern ich Lichter leuchten
der donnernden Transib-Bahn.

Im Schneestaub des eilenden Zuges
führt mich das Gleis zur Hütte,
erfreut in trostloser Einsamkeit
genoss ich des Jägers Güte.

Grausam die Natur auch scheint,
in Russlands fernfernsten Ecken
da leben Menschen stark und gerecht,
da kann sich niemand verstecken.

1977

Ach, Du mein Baikal

Ich sah die Münze sinken
mir schien, bis auf den Grund
und aus der Tiefe blinken
der Nixe süßen Mund.

Es heißt, nun kehr ich wieder
zu dem Väterchen Baikal
und hör verwunschne Lieder
der Meerjungfrau Choral.

Die Zeit ist längst vergangen
und niemals war ich dort,
doch quält mich das Verlangen
und Sehnsucht nach dem Ort.

Wo ich an Ufern träumte
in Buchten malerisch versteckt,
von Nixen, die Tang umsäumte
bis mich Dein Kuss geweckt.

1980

Der Narr Wassili

Zwischen den Handelsreihen
der Kremlmauer entlang
sah man ihn zu uralten Zeiten
mit Flötenspiel und Gesang.

Wassili war es, der bucklige Narr
der der Kaufleute Herz erweichte,
doch über seine Herkunft, das ist wahr
gabs Gerüchte, dass man erbleichte.

Es sei verbürgt des Zaren Iwans Sohn,
aus dessen verbrecherischer Begier
und der Schreckliche auf dem Thron
wollt das Kind ersäufen, wie ein Tier.

Die Amme, die ihn gestillt und gebetet
im Zarenpalast, dort hinter den Zinnen,
sie hat den unschuldigen Knaben gerettet,
denn der Zar war recht oft außer Sinnen.

Und als Wassilis Lied für immer erstarb,
sahen sich die Kaufleute alle verpflichtet
und haben über des Narren Grab
ein bescheidenes Holzkirchlein errichtet.

Als die Städte Kasan und Astrachan
heimkehrten ins große russische Reich,
da befahl der grausame Zar Iwan
die Kirche zu bauen, einem Märchen gleich.

Postnik und Barma, zwei Meister des Rus
schufen nach aller Architektur Ideale
ein Wunderwerk wie aus Zuckerguss
zu Ehren Wassilis, die Basiliuskathedrale.

Und scheinheilig fragte der böse Zar,
ob sie das wiederholen können oder nicht
und als sie prahlerisch sagten: Na klar,
da nahm er ihnen das Augenlicht.

1979

Andersherum

Wer sagt,
dass wir auf der Erde stehen
und nicht kopfunter hängen.
Wer glaubt,
dass wir nur vorwärts gehen
und nicht nach hinten drängen.
Wer weiß,
dass wir nicht durchdrehen,
im Leben voll mit Zwängen.
Wer meint,
im großen Irrenhaus normal zu sein,
vielleicht ist das nur trügerischer Schein.
Wer denkt,
dass Waffen Frieden beschützen,
wird taubengleich nur Falken nützen.

2002

Untersteh Dich

Sie schlang den Arm um mich
und als ich sie herzlich küsste,
da sagte sie: Untersteh Dich!
Die Knöpfe der Bluse lösten sich
und ich streichelte ihre Brüste,
da sprach sie wieder: Untersteh Dich!
Das Gras war weich wie ein Teppich
und als ich sie darauf bettete,
flüsterte sie leis: Untersteh Dich!
Der Mond verzog hinter Wolken sich,
ich liebkoste ihren Nabel.
Da stöhnte sie: Komm, und liebe mich!
Atemlos und Gesicht an Gesicht,
lagen wir mort sur le cuop*,
da schluchste sie weinend:
Ich hasse mich!

1980

*mort sur le cuop - mehr tot als lebendig

Morpheus

Als der Abend sacht
sich auf die Erde senkt,
erwarte ich die Nacht,
die meine Träume lenkt.

Wenn oben in den Ferne
schmückt sich das Firmament
mit goldenem Sterne,
ist Morpheus mir präsent.

Steig ein und zögere nicht,
und mit dem Große Wagen
bring zu der Liebsten dich,
steig ein, was soll das Zagen!

Und wenn der frühe Morgen
mit Sonnenschein erwacht,
denk ich dann voller Sorgen,
was wohl die Liebste macht.

1975

Spuren im Sand

Mir träumte eines Nachts,
ich ging am Meer entlang
barfuss mit Dir
und unsere Spuren im Sand
verloren sich in der Ferne.

Und am anderen Abend
als die Sonne rotrot baden ging,
lagen wir im Dünengras
und unsere Körper glühten,
bis wir ins Meer uns stürzten.

Und ich dachte daran,
welche Spur mein Leben
hinterlässt und Du darin
und am nächsten Morgen
ging ich zum Strand,
doch Spuren,
die sucht ich vergebens.

1972

Die Nachtigall

Hinten im weißen Flieder
da wohnt eine Nachtigall,
die singt nachts ihre Lieder
dass es in der Stille schallt.

Wenn atemlos wir lagen
in stiller Liebesnacht,
hat auch ihr schönes Singen
uns um den Schlaf gebracht.

Der Flieder war verblüht,
der Mond scheint silbern kalt,
lausch ich des Vogels Lied,
das nirgendwo erschallt.

Doch Mai wurde es wieder,
der Flieder blüht in voller Pracht
und der Nachtigallen Lieder
haben neues Glück gebracht.

1982

Bei Mozart

Unter der Feste
liegt die Stadt
in ihrer Geschichte
heute begraben.

Buntes Gewimmel
in alten Gassen
Mozarttouristen
auch aus Fernost.

Auf dem Domplatz
gähnen die Pferde
vor ihren Chaisen,
es stinkt nach Urin.

Leuchten die Rosen
am Schloss MIrabell,
erklingen im Garten
Mozarts liebliche Noten.

In edlen Boutiquen
gepfefferte Dirndl
und in Passagen
hocken die Bettler.

Reich an Museen,
Klöster und Kirchen,
Kitsch und Modernes
in Art-Galerien.

Stürmische Salzach
trüb aus den Bergen
teilt ihre Salzburg
als lebendiger Quell.

Doch ihre Brücken
schwingen verbindend
Altes und Neues,
auch Luxus und Not.

2016

Piters Denkmale

Krylow sitzt im Sommergarten,
denkt sich neue Fabeln aus,
scheint auf Puschkin dort zu warten
nicht auf den Zaren Nikolaus.

Gogol, der den Newski hasste,
ziert den Boulevard nun hier,
und Zar Peter, der Erblasste,
baut sein Boot am Newapier.

Auf der Brücke der Fontanka
vierfach Rosse sind gezügelt
und die große Katharina
scheint vor Isaak beflügelt.

Doch der Strauß der jungen Braut
ein Bukett aus weißen Rosen
gilt dem, der die Stadt gebaut,
Reussenzar, Peter dem Großen.

2014

Jahrgang 42

Geboren im großen Sterben
wuchsen wir vaterlos auf
und als unsere Wiegenlieder
heulten Alarmsirenen.

Im Bombenhagel verschüttet
hat man uns evakuiert,
ins wundervolle Dresden,
das verbrannte im Feuersturm.

Verwahrlost und fast verhungert
erlebten wir den Friedensmai
und erbettelten Brot und Kascha
von Machorka rauchenden Kriegern.

Wie Ziegen kletterten wir in Ruinen
und spielten mit Fund-Munition,
missachtend der warnenden Mütter,
die hamstern fuhren in Männerhosen.

Aus den Anzügen der Väter
wurden uns Hosen und Jacken genäht,
sofern sie nicht aus dem Schwarzmarkt
für Butter und Wurst eingetauscht.

1975

Dekabristen

Sie hatten Napoleon geschlagen
und Völker vom Joch befreit,
doch in Russland mussten sie klagen,
war der Weg zur Freiheit noch weit.

Die Bauern, sie waren leibeigen,
besaßen weder Rechte noch Land,
wer wagte das Unrecht aufzuzeigen,
der wurde nach Sibirien verbannt.

Und als die siegreichen Krieger
den Treueid dem Zaren versagten,
kartätschte man sie blutig nieder,
und machte sie zu Angeklagten.

Und die nicht am Galgen starben,
gingen gekettet in Schnee und Eis,
um in Erzgruben wie Tiere zu darben
für Zarengold auf Nikolaus Geheiß.

Doch fern in Sibiriens Schächten
hat das Volk sie niemals vergessen
besang in Liedern die Aufrechten,
die die Liebe der Russen besessen.

1999

Viele Male

War ich schon einmal
hier auf Erden
weil alles vertraut ist?
Hab ich dich schon zweimal
ganz zärtlich geküsst
obwohl wir nicht getraut sind?
Versuchte ich nicht schon dreimal
die Frauen zu verstehn,
die so formvollendet gebaut sind?
Verfluchte ich nicht so tausendmal
Waffengeklirr und Säbelrasseln
der Politikern, denen Frieden anvertraut ist.

2004

Unheilger Verbündeter

Amerikas hörige Vasallen
in Deutschland findest sie schon,
sie sitzen in Banken und Parlamenten
und vor allem in christlicher Union.

Wie kann uns ein Land begeistern,
wo täglich die Waffen sprechen
und Schwarze noch heut unterdrückt sind,
nicht gezählt die Kriegsverbrechen.

Die Freiheitsstatue in Tränen,
was im Lande an Unrecht geschieht,
und Amerikas Großmachtgehabe,
ein Blinder, der das noch übersieht.

2010

Wenn der Himmel weint

Wenn lauer Sommerregen
aus dunklen Wolken rinnt,
schließ ich fest meine Augen,
heb das Gesicht entgegen
dem dunklen Wolkenmeere,
genieß den Labsal blind.
Des Himmels kühler Quell,
der macht den Kopf mir klar,
wäscht Trübsal ab Sorgen,
den Staub mir von der Seele,
das ist so traumhaft elementar.

1980

Hörselberg

Ich hat sie nie zuvor gesehn
in dieser hellen Mondennacht
und dennoch ist es uns geschehen,
das Wunder, das die Liebe macht.

Der Hörselberg sah schweigend zu,
wie wir uns erst scheu küssten,
ein wundersames Rendezvous,
wo wir nach mehr gelüsten.

Ich fragte leise, wie sie heißt,
da legt sie ab das Mieder:
Genieß die Nacht, ich bin ein Geist
und küss mich immer wieder!

Im Rausch rasten wir durchs das All
und lagen erschöpft dann im Gras,
von fern sang eine Nachtigall
Venus erblasste, rot erschien Mars.

1967

Altlandsberg

Wenn schon bläut die Abendstunde,
entzündet er die alte Latern
und macht seine Nachtwachrunde
mit Gästen aus nah und fern.

Es schweigt die Stadt im Mondenlicht,
ein Käuzchen schreit fern im Gebüsch,
die Sommernacht schreibt ihr Gedicht,
so sanft, so friedlich und himmlisch.

2004

Mädchenaugen

Augen, Fenster der Seele,
Augen, wie ein Versprechen,
Augen verraten Begehren,
Augen, die Herzen brechen.

Augen, so blau wie Seen,
Augen, voller Geheimnis,
Augen, Wimpern verschleiert
Augen, kühl wie die Arktis.

Augen, reden mit Blicken,
Augen, sie strahlen vor Glück,
Augen, schwimmen in Tränen,
Augen, die lieben
den Augenblick.

1971

Kleingeschwenda

Im Roten Hirsch zur grünen Tann,
da hab ich zu Mittag gegessen,
am anderen Tische, gleich nebenan,
da hat sie im Dirndl gesessen.

Sie zwinkerte mit den Augen mir,
ich habe das Lächeln erwidert,
und in mir erwachte die Neugier,
denn sie war so fein gegliedert.

Ich merkte gleich, sie war gut erzogen
und mit den Blicken hin und her
ist bald mein Herz zu ihr geflogen,
ihre Miene verrieten auch ihr Begehr!

Wir trafen uns in der Abendstund,
da hab ihre Hand ich ergriffen
und im verschwiegenen Wiesengrund,
hat ihr Hemdchen sie abgestriffen.

Wir haben uns in die Augen geschaut
und begannen uns zu berühren,
und bald, da lagen wir Haut an Haut
und ließen uns von Amor verführen.

1971

Lautenklang

Die Laute
klingt ganz leise
und ihre Weise,
nimmt mich
auf eine Zeitreise
in ferne Kreise
und fremde Welten,
die ich nun preise.

Mit ihrem Saitenklang
wird mir das Herz so bang,
hör ich den Feengesang,
fort ist mein Tatendrang
den ganzen Tag lang
bis zum Sonnenuntergang.

2015

Ach, du Violine

Gefühlvoll ist die Geige
in einer zarten Hand,
doch wenn sie weint
und schluchzt
und schmeichelt,
bringt sie mich rasch
um die Verstand.
Ich höre ihr Wehklagen,
ihr Stöhnen auch
und selbst das Liebesspiel,
das reicht,
um heimlich Tränen
mir anzutragen,
ergriffen und übermannt,
von traurigem Gefühl.

2016

Rosenschicksal

Noch zart gefärbt
und keusch verschlossen
der Rose Knospe sacht erblüht,
im Sonnenlicht
empor geschossen
sie bald in voller Pracht erglüht.

Als Königin der Blumen
ist sie in aller Welt bekannt
und als Symbol der Liebe
ward sie für uns entflammt.

Doch ist es mit dem Blühen
wie mit der Liebe Dauer,
trotz aller bester Mühen
verwelkt sie bald in Trauer.

2002

Meermusik

Meeresrauschen
ist wie Musik
zu lauschen
aus einer fernen Welt.

Meeresklänge
im Sturm
sind wie Gesänge
schöner Sirenen.

Meerjungfrauen
bei Vollmond
anzuschauen
bricht dir das Herz.

Meeresleuchten
ist wie ein Schein
aus dem feuchten
Reich Neptuns.

2000

Der Tenor

Er wollte stets brillieren
mit seinem Stimmumfang
und konnte uns verführen
mit lyrischem Gesang.
Mit unsterblichen Noten
so voller Leidenschaft
von Euterpes singendem Boten
ging aus die Zauberkraft.

2002

Paukenschlag

Ach ja, die Pauke
mit ihrem Dröhnen
ist ein Rabauke
mit lauten Tönen.
Und dennoch, oh Wunder
bekam gerade sie
von Joseph Haydn
eine eigene Sinfonie.
Der Komponist
merkte mit Verdruss,
wie Morpheus seine
Flügel senkte
und das verehrte Publikum
beim leisesten Piano
so sacht zum Schlafe drängte.
So verhöhnt man keine Muse!
Er verschaffte ihr Respekt,
mit dem Fortissimo der Pauke
hat er sie unsanft aufgeweckt.

2016

Capella, die kleine Ziege

Als gelber Riese
am Sternenhimmel,
Lichtjahre entfernt,
bist du mir nah.
Ich habe dich
meiner Liebsten geschenkt,
das fand sie wunderbar.
Gott Zeus
den eine Ziege ernährt,
hat den Stern
zum Dank ins All gestellt,
im Sternbild des Fuhrmanns
strahlst sonnenhell fern
am weiten Himmelszelt.
Und wirst du erlöschen
im Firmament,
wir werden es nicht erfahren
doch die Liebe
unter deinem Stern,
werden wir ewig bewahren.

2003

Aphrodite

Die Göttliche,
aus Meeresschaum geboren
hat sich der Liebe
mit ihrem Gürtel erkoren.
Tochter der Gaia und von Uranus
entstieg jungfräulich dem Meer,
doch ihr verfielen zu Zeus Verdruss,
der Gott des Feuers Hephaistos,
den sie mit Sterblichen betrog.
Und Ares der Kriegsgott
und Anchides aus Troja
genossen der Schönen Gunst
und auch Weingott Dionysos
und Adonis, der Schöne
erlagen ihrer Liebe Kunst.
Selbst den Apfel des Paris
als Schönste von allen
als die Wahl auf sie fiele,
nahm sie mit Wohlgefallen,
Aphrodite, Göttin der Liebe.

2001

Weltwahnsinn

Den Kriegern
ins Stammbuch geschrieben:
Schluss mit dem Rüsten,
dem Kämpfen und Siegen.
Seit fünftausend Jahren
das ist so erschütternd,
haben wir so verbitternd
aus der Menschheit
Chronik erfahren
gab es nur in dreihundert Jahren,
also nur einen Augenblick
den lang ersehnten Frieden.

1999

Angara

Kristallklar strömt Angara
auf dem Grund
rollen farbige Kiesel,
so eilt sie geschwind
durch die Taiga,
Labsal für Mensch
und für Wiesel.
Ein rotes Kopftuch,
es leuchtet so hell
am steilen Ufer
beim ungestümen Fluss.
Und ebenso wie er
unbändig und wild,
verweigert sie mir einen Kuss.

1976

Woher und Wohin

Woher
kommen die Träume,
wer schickt sie uns
und warum?
Nicht dass ich sie
gern versäume,
doch die Frage
treibt mich um.
Und kann man
Geträumtes deuten,
das nachts vorüberzieht,
und traut man dann
den Leuten,
die glauben zu wissen
was auf Federkissen
im Traum uns ist geschehn,
das wir nicht verstehn.

2010

Weiße Birke

Biegsam in dem lichten Hain
Blätter flüstern leis im Wind
eine Birke schlank und rein
übermütig wie ein Kind
wiegt sich sanft im Mondesschein.

Schlank und birkengleich
wiegt sich auch ein blondes Kind
und mein Herz begann sogleich
schneller schlagen froh gestimmt.

Sie zog sich ihr Kleidchen aus,
um im kühlen Bach zu baden
und ihre Figur verdiente Applaus
von dem Kopf bis zu den Waden.

Doch als sie mich dann entdeckte,
die nackte Schöne feengleich,
das arme Mädchen sich erschreckte
und sie wurde birkenbleich.

Sie nahm ihr Kleid mit süßer Scham
und bedeckte ihre zarten Glieder,
ihr Antlitz war so wundersam,
doch leider sah ich sie nie wieder.

1978

Unvergessen

Unter den Sternen
in weite Fernen
fliegt mein Herz
in die Nacht.

Im goldnen Weizen
tat sie nicht geizen
mit ihren Reizen
in dieser Nacht.

Und dann am Zuge
Zeit eilt im Fluge,
gab mir die Kluge
den letzten Kuss.

In allen Jahren
konnt ich bewahren
was ich erfahren
einst in der Nacht.

1965

A.

Arme, wie weiße Schlangen
halten mich gefangen,
Lippen blühn wie Rosen,
laden ein zum Kosen.

Himmelblaue Augen
die zum Flirten taugen
und die kleinen Brüste
wecken die Gelüste.

Gut gebaut die Figur
marmorgleich die Statur
und so kühl wie der Stein
widme ich ihr diesen Reim.

1981

Traumbild

In deinen Augen
spiegeln sich Wolken
auf die wir schweben
sinnesbetäubt.

In Deinem Lächeln
liegt ein Versprechen
Zeit zu vergessen
wonnebereit.

Auf deinen Lippen
blüht das Verlangen
sich hinzugeben
liebesentflammt.

2010

Bewegendes

Ach meine Seele
die ich so quäle
mit den Gedanken,
weit wie das All.

Und meinem Herzen
macht es Schmerzen
Armut zu sehen
auf dieser Welt.

Und meine Lieder
singe ich wieder
gegen die Waffen
aus unsrem Land.

Meine Gefühle
jenseits von Kühle
wenn Frieden ich preise
für den Planeten.

2015

Sternschnuppe

Lieben
heißt fliegen,
losgelöst
von der Schwerkraft
der Erde
und frei von Gedanken
an Morgen.
Lieben
heißt entkleiden,
die Seele bis auf den Grund,
selbstlos zu geben,
dankbar zu nehmen
ohne zu fragen
nach Zeit und Raum.

2000

Amedeo

Als er lebte
waren seine Akte
verrufen und skandalös
und heute
begeistern sie in Museen
und bringen einen
Millionenerlös.

Modigliani
war bettelarm,
lebte in Schulden
und Hoffnung
und in Kleidern,
die waren verschlissen.
Doch er malte
die langhalsigen Schönen
für einen Kuss oder
das Bett für die Nacht
neben ihm auf dem Kissen.

Amedeo
der wahrste Bohème,
den Montmatre
und ganz Paris je sah,
und er liebte und malte
eine Venus des Ostens,
die russische Poetin
Achmatowa.

Modigliani,
der Künstler
starb jung an Jahren
gezeichnet von Opium
und Absinth,
so hat er nie erfahren
von seinem Nachruhm
und seinen Bildern,
die nun Legende sind.

Sein liebstes Modell
war die schöne Jeanne,
sie waren verliebt
und auch schon verlobt,
sie nahm ihn jedoch
nicht zum Manne,
denn bereits vor dem Fest
war der Maler tot.

Die Liebe der beiden
war irdisch so bitter,
sie sollte im Himmel
vollendet nun werden,
denn nur einen Tag
nachdem er die
Augen schloss,
verließ auch sie
frei die sündigen Erden.

1999

Tränen

Tränen erzählen
von Angst und vom Quälen,
von Freude und der Liebe Lust.
Tränen beim Abschied
und auch beim Finden
die echten und falschen,
die trennen und binden,
die bitten und klagen
und mehr als Worte sagen.
Tränen des Hoffens,
des Glücks und der Trauer
Tränen des Augenblicks
und auch die von Dauer.

1980

Paris

In Paris an der Seine
da liegen die Kähne
ganz ohne Kapitäne
wie flugmüde Schwäne.

Und die dort wohnen
sind recht zu belohnen,
für ihre Inspirationen
einer Welt ohne Dublonen.

Sie alle, Maler und Dichter,
auch Musiker und Richter
sind freundliche Gesichter
und keine Naturvernichter.

Sie lieben das Leben
und züchten dort Reben
und niemals vergeben
sie Bomben und Beben.

2014

Barnim

Sanfte Hügel
klare Seen
von der Eiszeit hinterlassen,
dichte Wälder
wildreich stehn
Dörfer mit verwunschnen Gassen.

Feldsteinkirchen
Herrenhäuser,
blühend Raps als Bienenweide,
Streuobstwiesen
muntre Bäche
einladend die weite Heide
und die Luft ist rein wie Seide.

2016

Erwachen

Kuckucksruf von fern
schon beim blassen Morgenstern
und bei Nachtigallen Lieder
strecke ich noch alle Glieder.

Leise hör ich Regen rauschen
kann den Vogelgesang belauschen,
Dämmerung weicht Sonnenlicht
huscht mir übers Angesicht.

2016

Sternschnuppen

Sternschnuppen
in Sommernächten,
Botschafter aus fremden Sphären
oder gar von andren Mächten
unsre Welt hier aufzuklären.
Sternschnuppen
bei Vollmondschein
sollen Wünsche uns erfüllen
die schon lange insgeheim
tief verborgen sind im Herzen
wir den Boten nun enthüllen.
Sternschnuppen
in dunkler Nacht
wenn sich Liebespaare finden,
haben oft schon Glück gebracht
die sich lebenslang verbinden.
Sternschnuppen
als Feuerregen
der auf unsre Erde fällt,
wecken Träume ganz verwegen,
zu verlassen unsre Welt,
in den Raum endlos zu gleiten
wo uns Sternschnuppen hingeleiten.

2001

Was für ein Irrsinn

Die Logik des Krieges
ist ohne Würde und Verstand,
Mord wir gerühmt als Heldenmut,
Bestialität und Raub von Hab und Gut
als Großtat für das Vaterland.

Wenn Hass gesät wird
und legalisiert das Verbrechen,
dann sollten die zum Kriege rüsten,
erst mit Frauen und Müttern sprechen
und sich nicht mit Lügen brüsten
bevor sie zum Schwert greifen.

Ich träume davon
dass Menschenverstand siegt
gegen des Krieges weltweiten Irrsinn
und wenn zum Schlachten gerufen wird
und Fahnen geweiht werden heilig,
dann geht einfach keiner hin!

1995

Stoff zum Schreiben

Woher nehme ich nur den Stoff
für meine Erzählungen, Romane und Verse,
werde ich oft gefragt?

So lange ich lebe,
so lange mein Herz in Liebe schlägt
und so lange genügend Narren
unter uns Menschen weilen,
so lange es liebreizende, kluge Frauen
und unsere Kinder der Zukunft gibt
und meine Augen nicht müde werden
den Zauber der Natur in ihrer
unergründlichen Schönheit zu schauen
zu allen vier Jahreszeiten und jeden Tag
überall auf unserem blauen Planeten,
so lange ich neugierig bleibe
und mir meine kindliche Naivität erhalte
wie meine stolze Unabhängigkeit,
so lange nicht überall Schwerter
zu Pflugscharen umgeschmiedet werden,
so lange habe ich Materie zum Schreiben.

2016

Anziehende Gegensätze

Wir sind so verschieden
und dennoch voller Harmonie,
wir lieben uns heftig
und dennoch recht zart,
du bis ungeduldig
und ich halte die Zeit an,
du folgst dem Bauchgefühl
und ich strapaziere meinen Geist,
du lebst im Heute
und ich denke schon an morgen,
so sind wir ein ideales Paar.

2010

Meine Muse

Ich habe eine Muse,
das ist eine ganz konfuse,
sie vergisst oft ihre Bluse
auf dass ich mit ihr schmuse.

Sie ist mein liebstes Aktmodell,
das macht sie echt professionell
mit ihrem frischen Naturell.
Wie Eva liegt sie auf dem Fell
und ich male sie gern in Pastell.
Das ist zwar recht tendenziell
und sicher auch nicht originell,
doch dafür immer aktuell.

Meine Muse, die ist mollig,
und sie hat einen Silberblick
und das finde ich richtig drollig.
Sie hat nur einen winzigen Tick
denn sie redet jeden Augenblick
über die ganz große Politik.
Die Statur aber ist ganz Erotik
und wenn ich sie nur erblick,
wird mir schon so ganz wollig.

2000

Troika

Schnee spritzt unter den Hufen,
es schnaufen drei Pferde an Strang,
auf blankem Eis kreischen die Kufen
und aus dem Pelz klingt dein Gesang.

Dazu die tönen Glöckchen am Zaum
eine leise Melodie in finsterer Nacht,
es scheint mir wie ein Wintertraum
doch plötzlich bin ich aufgewacht.

Die dunklen Wolken lichten sich
und auch der Schnee schläft ein,
oben am Firmament so dicht an dicht
erwachen Sterne mit fernem Schein.

Deine Lippen sind eisig, als ich sie berührt
und doch erwärmt Dein Kuss mir die Nacht,
eine Sternschnuppe hat dich dazu verführt
und der rasenden Troika magische Macht.

1988

Im Gras

Arm in Arm
Reize wecken
Lippen schmecken
sich auch necken,
abzuchecken
ohne Erschrecken
Amors Strecken.
Hinter Hecken
sich verstecken
und hinstrecken,
alles aushecken
zu entdecken
was zu Liebeszwecken
Reiz und Lust erwecken,
dann den Sternenflug vollstrecken,
doch das Gras bei den Schnecken
macht leider grüne Flecken.

2001

Frieden fängt klein an

Für Frieden
in der ganzen weiten Welt
müssen die Völker in Eintracht leben.

Für Frieden
zwischen allen Völkern
müssen die Städte Freundschaft halten.

Für Frieden
und Freundschaft zwischen Städten
müssen sich die Nachbarn verstehen.

Für Frieden
und Eintracht zwischen Nachbarn
muss in jedem Haus Frieden sein.

Für Frieden
im eigenen Haus
muss man ihn im eigenen Herzen finden.

Nach Laotse

Momente

Einzigartig
ist jeder Moment
so wie die Sterne
am Firmament.

Jeden Augenblick
bewusst erleben
mit ganzem Herzen
sich ihnen hingeben.

Momente
sammeln zu einem Collier
der Erinnerungen
für das Lebensresüme.

Glücksmomente
berühren das Herz,
sind unerwartet
und bringen oft Schmerz.

2002

Kremlsterne

Hoch oben auf den Kremltürmen,
da blinken die Sterne rot rubin,
sie leuchten wie von Feuerstürmen
des Nachts über ganz Moskau hin.

Es waren einst echte Rubine,
die ihr Licht der Finsternis gaben,
doch mit ihrer ganzen Routine
stahlen alle frech die Raben.

Weit entfernt vom Roten Platz
am Moskwaufer wurde gefunden,
der Kremltürme Edelsteinschatz,
der so rätselhaft verschwunden.

Und in so manchen Garten
oder verwunschenem Hain,
das war nicht zu erwarten
liegt heut noch ein kostbarer Stein.

2015

Liebesrausch

Küsse tauschen,
Atem lauschen.
Büste streicheln,
Körper schmeicheln.
Sterne blinken,
Blätter winken.
Käuzchen greint,
Vollmond scheint.
Liebchen stöhnt,
Nacht verwöhnt.
Lust gesteigert,
Nichts verweigert.
Tränen fließen,
Glück genießen.
Morgen graut,
Paar vertraut.
Abschied schmerzt,
Trennung beherzt.

1988

Steppe

Wege ganz in Staub gehüllt,
müde Augen endlos schauen,
Weite rings von Glut erfüllt
Menschen wie in Erz gehauen.

Wolken hoch am Himmel ziehen,
Wind treibt wilden Rosmarin,
wilde Pferde ferne fliehen,
Landschaft stolz wie die Bojarin.

Hochzeitslieder fröhlich klingen,
weit verstreut die Häuser stehn,
Lerchen himmelhoch dort singen
Mädchen braun und wunderschön.

Fern verschwimmt der Horizont
Zeit, Gedanken reisen lassen,
Weitblick wird gefühlsbetont,
will berauscht das All umfassen.

1977

Liebe

Liebe ist
wie eine Blume,
deren Samen
der Wind
weit verweht.
Und wie eine Rose
erblüht sie und vergeht.
Sie ist
das große Geheimnis,
das kein Mensch
enträtselt kann
und auch niemand versteht.
Liebe ist
nicht zu zwingen,
drum jage ihr nicht hinterher,
denn sie ist recht launisch,
so weit und gefährlich wie das Meer.

1979

Rotfuchs

Dein Haar so rot wie Mohn,
der blühend am Feldrain steht,
der laue Wind darüber weht
und du bist meine Vision.

Das rotes Haar im Sonnenlicht
funkelt wie ein Flammenbild
und überzieht dein Angesicht
mit zarter Röte schamhaft mild.

Hoch stehen im Weizen die Ähren,
wo wir unser Bett uns gemacht,
Du ließest mich scheu gewähren
vom Zauber der Sommernacht.

Und als der Frühling kam wieder
das Wunder der Lieber erfüllt,
kamst Du mit Zwillingen nieder,
rothaarig zum Glück, dein Ebenbild.

1981

Bei Puschkin

Einst ging ich an der Fontanka
vorbei an Puschkins Haus,
da schaute ein hübsches Mädchen
zum offenen Fenster hinaus.

Sie lächelte freundlich nieder
und ich grüßte höflich zurück,
denn sie hatte ein stolzes Mieder
für Sinne verheißendes Glück.

Sie hatte gewunden zum Kranze
ihr golden gelocktes Haar,
ihre meerblauen Augen strahlten,
so dass esum mich geschehen war.

Noch oft lenkt ich meine Schritte
zum Haus des großen Poeten,
doch die Fenster blieben verschlossen
so dass meine Träume verwehten.

1978

Sergijew Possad

Zwieberkuppeln
sternverziert
Klostergärten
im Geviert.

Glockenläuten
andachtstreu,
arme Pilger
beten scheu.

Feiste Popen
goldbestickt,
singen Gebete
weltentrückt.

Bettelfrauen
schwarz gewandet,
Invaliden
hier gestrandet.

Klosterbauten
geschichtsbeladen,
auf den Zinnen
nisten Raben.

Weiße Mauer
fronerrichtet,
Torkirche
oft bedichtet.

Rublow Ikone
mönchkopiert,
Eremitengrab
recht arrangiert.

Klosterkunst
wertgeschätzt,
Touristenströme
durchgehetzt.

Kirchenschiffe
juwelengeschmückt,
Weihrauchdunst
dicht in Schwaden.

Hochszeitspaare
frischvermählt,
Brautstraußspende
ausgewählt.

1980

Politiker

Versprechen brechen
für faule Kompromisse
und Sonntagsreden
vor schläfriger Kulisse.
Um Stimmen buhlen,
sich in Medien suhlen,
Diäten kassieren,
mit Phrasen brillieren.
Den Wähler vergessen
von Macht besessen,
der Partei recht dienen,
Lobbyisten treffen in Kantinen.
In Protzkarossen fahren
und aufrufen zum Sparen,
mit schönen Frauen sich umgeben
um das Image anzuheben.
Ins Ausland gern reisen
natürlich auf Staatskosten,
in ausgefahrenen Gleisen
denken und den Posten
auskosten bis zum Rosten.

2016

Ein einsames Segel

Blitze entzünden das tosende Meer
Wellen sich himmelhoch türmen,
draußen kämpft ein Fischer schwer
gegen tosende See mit Stürmen.

Tanzend als Spielball der Natur
blinkt immer noch weiß das Segel,
Neptuns Reich ist in heller Aufruhr
und langsam senkt sich der Nebel.

Die Schwärze der Nacht verdrängt
im Osten der Silberstreif des Morgen,
und die Blicke hinaus so angestrengt,
doch das Segel, es bleibt verborgen.

Ruhig spült ein sanfter Wellenschlag
den toten Fischer auf den Strand,
der im Kampf mit Neptun unterlag,
geschmückt von Nixen mit grünem Tang.

1999

Was ich würde

Ich würde
so gern wissen,
wie es wäre,
wenn ich fliegen könnte.

Ich würde
so gern erfahren,
wo noch wohnen
im All weitere Millionen.

Ich würde
so gern noch erleben
dass gegen Krieg sich erheben
die Völker der Welt.

Ich würde
so gern Dich lieben,
geleitet von meinen Trieben
wenn es Dir nur gefällt.

Ich würde
dafür ewig leben,
um Dir mein Herz zu geben
bis mit die Stunde schlägt.

2010

Weitere Publikationen des Autors:

„**Culinaria Russia**" - als Co-Autor

Trilogie
„**Duschenka - Hochzeitslieder wie Totenklagen**"
„**Tanjuscha - Glasherz und Schneegesicht**"
„**Moskauer Roulette - Mafiamord und Madonnengebet**"

„**Moskauer Venus**" - Tagebuch eines Herumtreibers
(herausgegeben mit dem Pseudonym Genadij Neshin)
ISBN 3-8334-4474-6

„**Ein Haus so himmelblau**" - Ein Maler- und Liebesroman
ISBN 978-3-8423-9839-9

„**Palette Russlands**" Repin-Romanbiografie I. Band
ISBN 978-3-7322-2643-6

„**Das Russlandgemälde**" Repin-Romanbiografie II. Band
ISBN 978-3-7357-4597-2

Kurzgeschichten

„**St. Petersburg, mon amour!**"
ISBN 978-3-7357-5266-6
„**Moskau, meine Trauer!**"
ISBN 978-3-7386-8827-6
„**Moskau, fremde Schöne!**"
ISBN 978-3-7386-9723-0
„**St. Petersburg, so kühl wie schön!**"
ISBN 978-3-7392-7611-0

Alle Illustrationen sind Landschaften in Öl aus drei Jahrzehnten und meinem Barnim-Zyklus.